班长工作行为规范

《操作人员作业行为规范》编绘小组　编绘

中国石化出版社
HTTP://WWW.SINOPEC-PRESS.COM

图书在版编目(CIP)数据

班长工作行业规范/编绘小组编绘.—北京:中国石化出版社,2012.9
(操作人员作业行为规范)(2023.8 重印)
ISBN 978-7-5114-1781-7

Ⅰ.①班… Ⅱ.①编… Ⅲ.①石油工业-工业企业管理-班组管理-行为规范 Ⅳ.①F407.226.6-65

中国版本图书馆 CIP 数据核字(2012)第 215652 号

中国石化出版社出版发行
地址:北京市东城区安定门外大街 58 号
邮编:100011　电话:(010)57512500
发行部电话:(010)57512575
http://www.sinopec-press.com
E-mail:press@sinopec.com
北京柏力行彩印有限公司印刷
全国各地新华书店经销
*
889×1194 毫米 64 开本 1.5 印张
2012 年 11 月第 1 版　2023 年 8 月第 6 次印刷
定价:15.00 元

《操作人员作业行为规范》编绘小组

组　　长：陈连财

副 组 长：寿建祥

编绘人员：王爱东　孙敏杰　颜军文

金登峰　吴国平　丁建波

项　静　李桂丽　章棋峰

车　幸　杨芳芳　严　峰

周振凯

序

近年来，股份公司炼油事业部大力推行精细化、标准化操作管理，严格落实以工艺纪律、操作纪律和劳动纪律为重点的三大纪律，促进企业进一步夯实安全生产基础。镇海炼化一直注重精细化操作管理，他们从规范操作作业行为入手，全面梳理班长、内操和外操人员日常主要作业内容，总结提炼该公司长期以来在生产实践中形成的宝贵经验，编制了操作工系列作业行为规范要求，有效促进了操作人员良好作业行为习惯的养成。《操作人员作业行为规范》内容全面、通用性强，采用新颖独特的漫画形式，文字简练，画面生动，易懂易记，是操作人员学习掌握作业行为规范的普及性教育读本。

这次股份公司炼油事业部组织出版该书，希望各炼油企业认真学习和借鉴镇海炼化精细操作管理方面的好经验、好做法，结合本单位实际加强对操作人员培训，规范作业行为，加强现场管理，不断提高生产运行水平。

目　录

班组管理……1
　纪律管理……1
　教育培训……11
　文明生产……20
　团队建设……28
常规工作……32
　HSE管理……32
　巡回检查……36
　作业确认……40
　质量管理……42
　联锁操作……43
　节能降耗……44
生产指挥……46
　任务安排……46
　问题处理……55
　应急处置……58
　开停工……65
联系汇报……74

接受指令……75
执行指令……76
横向联系……79
信息汇报……84
交接班……85
班前预检……85
交接班会……86
接班确认……87
班后会……89

(一)纪律管理

以身作则，带头遵守劳动纪律、操作纪律、工艺纪律。

(一)纪律管理

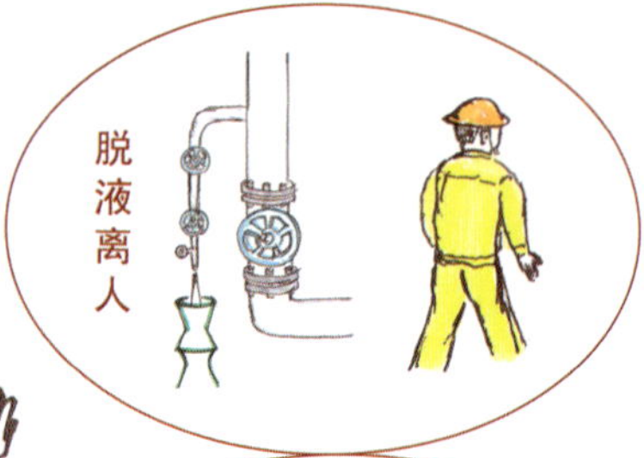

不逾越安全禁令“红线”。

(一)纪律管理

合理安排人员，保证班组力量，满足安全生产。

（一）纪律管理

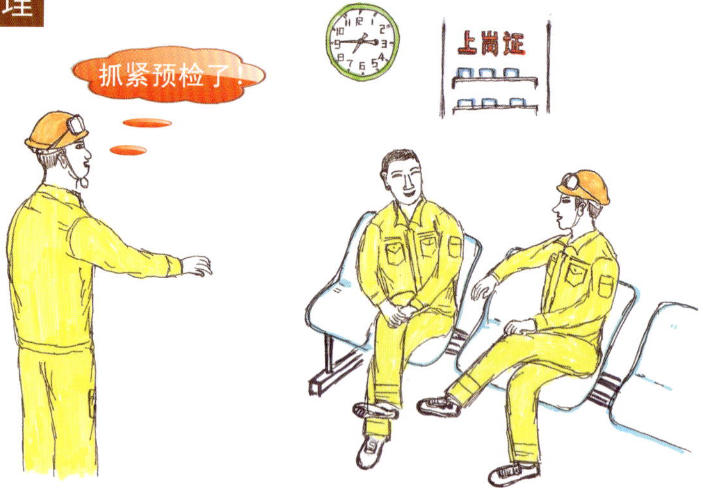

检查班员到岗和班前预检情况。

(一)纪律管理

监督班员劳动纪律执行。

(一)纪律管理

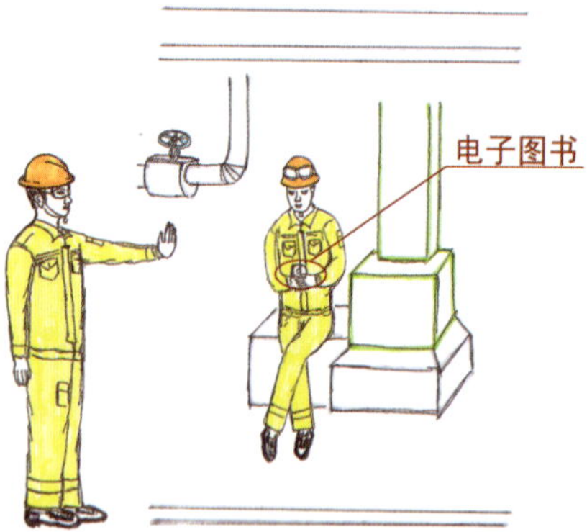

及时查阅巡检记录，监督、检查外操巡检质量。

(一)纪律管理

督促班员遵守内外操工作行为规范。

（一）纪律管理

督促班员遵守操作纪律。

(一)纪律管理

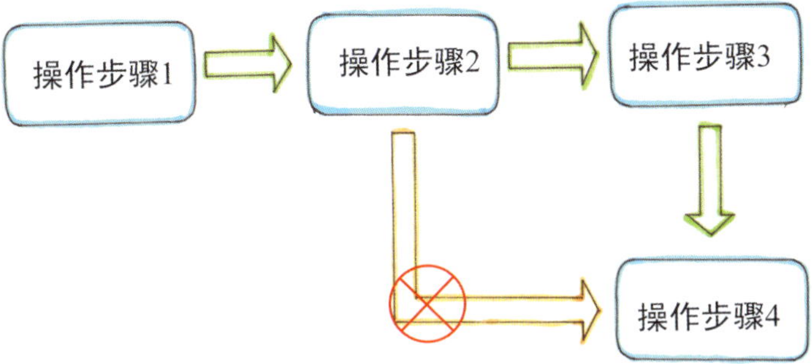

督促班员严格执行操作法，不得违章操作。

(一)纪律管理

检查班员操作记录和操作质量。

（二）教育培训

基本操作

仿真学习

导师带徒

现场流程

班组培训有计划，学习针对性强。

（二）教育培训

组织学习制度，剖析案例，举一反三，吸取教训。

(二)教育培训

开展特色专题讨论培训。

(二)教育培训

主动传授操作经验。

（二）教育培训

向班员示范规范操作。

(二)教育培训

注重培养班员安全意识和安全技能。

(二)教育培训

组织开展预案演练。

（二）教育培训

鼓励班员多岗位学习。

（二）教育培训

组织技术分析，提合理化建议。

(三)文明生产

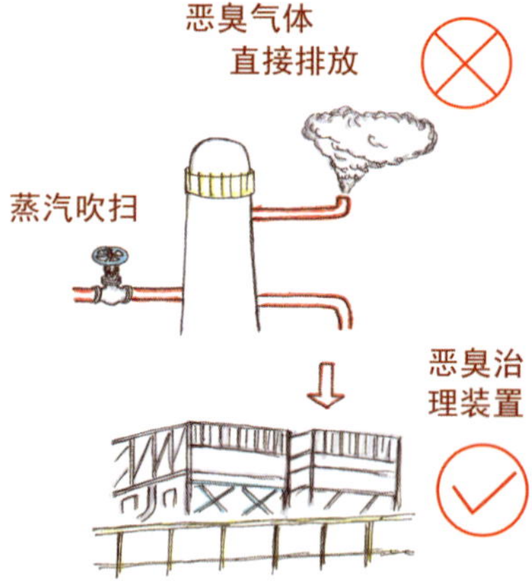

保护环境，严禁乱排乱放。

(三)文明生产

班组承包设备台账

承包人	设备位号	签字

设备承包落实到人并定期检查。

(三)文明生产

及时联系整改设备缺陷。

（三）文明生产

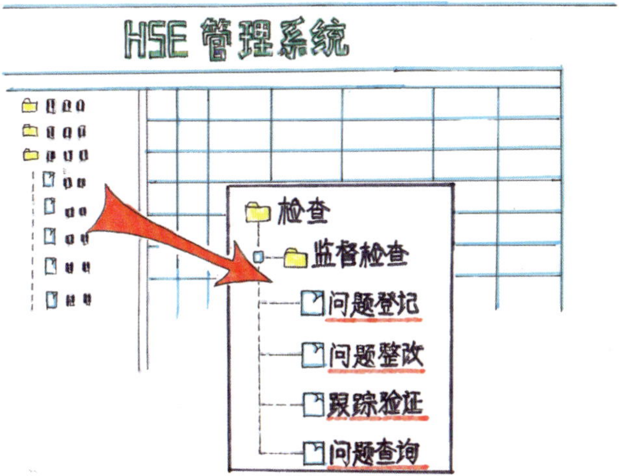

设备缺陷要闭环管理。

(三)文明生产

落实现场规格化工作。

(三)文明生产

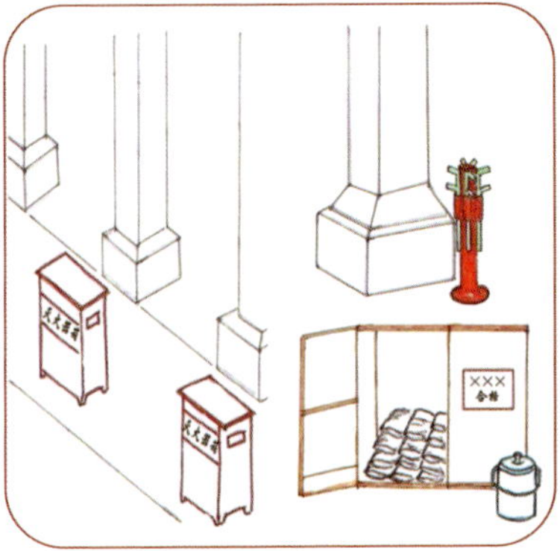

资料、工具、器材定置管理。

(三)文明生产

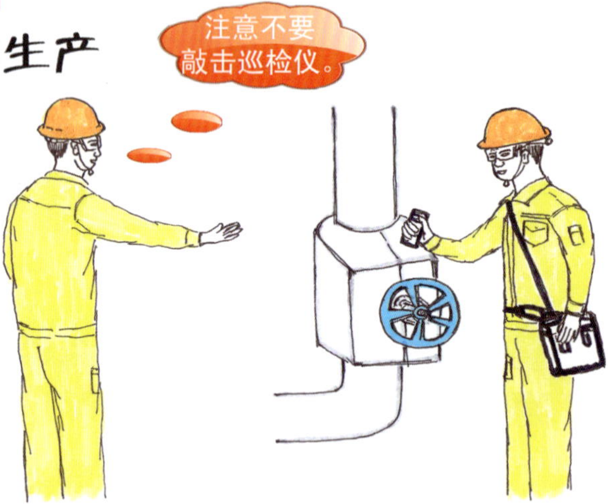

保护好各类器材。

(三)文明生产

防冻盘车

检查保温

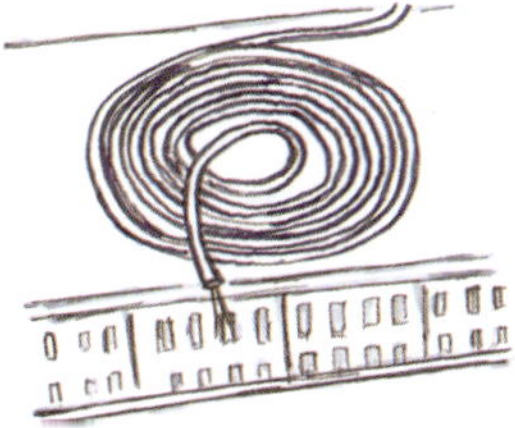

保持介质流动

管线设备伴热

督促落实“防冻防凝”措施。

（四）团队建设

树立工作目标，激发班组集体荣誉感。

(四)团队建设

团结协作，创建和谐班组。

(四)团队建设

民主管理，奖惩分明。

(四)团队建设

做好思想引领，关心班员工作和生活。

(一)HSE管理

工作危害分析记录表								
					使用单位			
区域/装置				分析人员及岗位				
工作/任务				审 批 人				
序号	工作步骤	危 害	主要后果	现有安全控制措施	L	S	R	

组织开展危害识别、风险评估。

☞常规工作

(一)HSE管理

关注人员和设备的安全状态。

(一)HSE管理

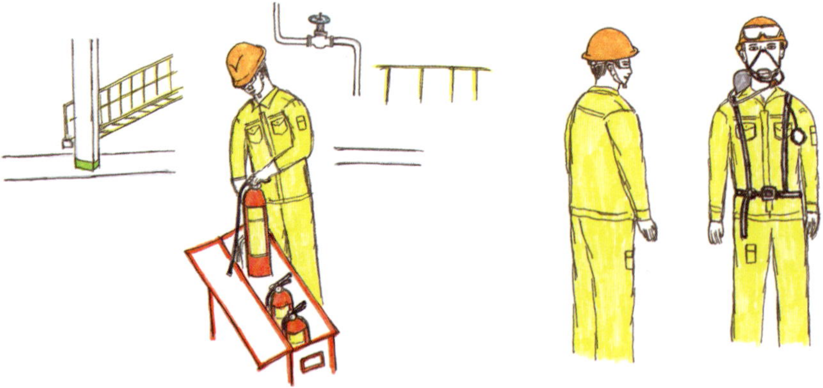

检查消防、气防等设施的维护和使用情况。

(一)HSE管理

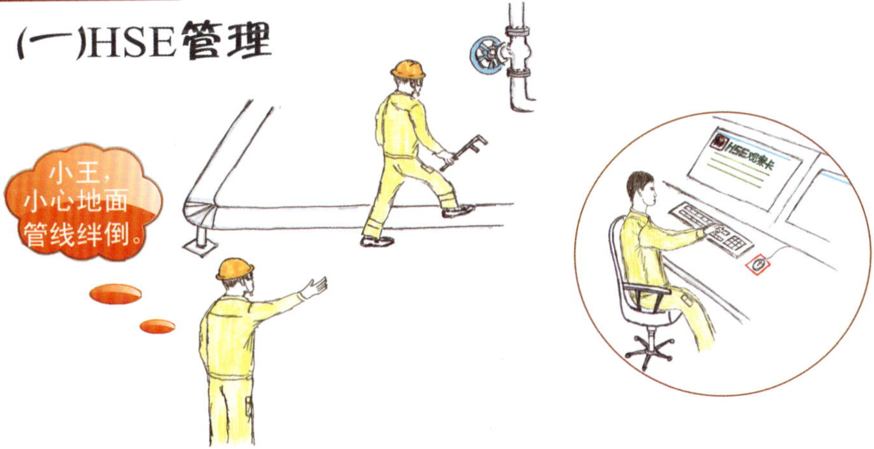

及时纠正不安全行为并做好记录。

(二)巡回检查

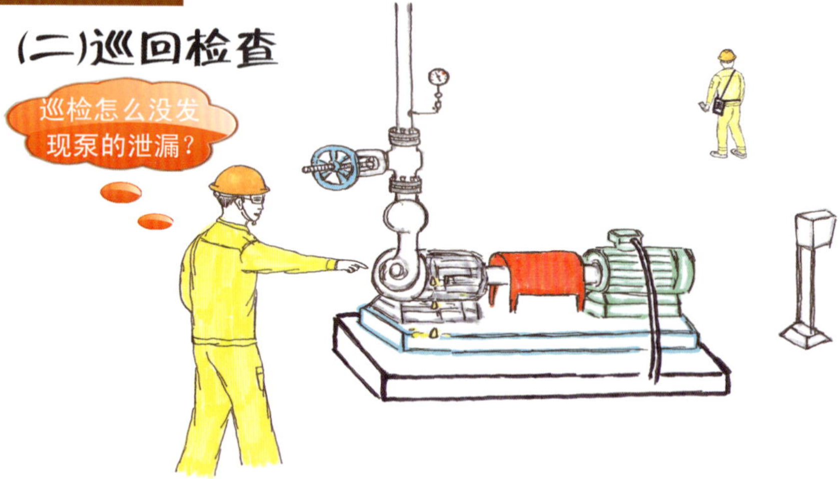

检查班员的巡检和作业质量。

（二）巡回检查

装置“死角”

掌握重点设备、装置“死角”和异常。

(二)巡回检查

重点关注班员反映的生产问题。

（二）巡回检查

检查现场施工安全措施的落实情况。

(三)作业确认

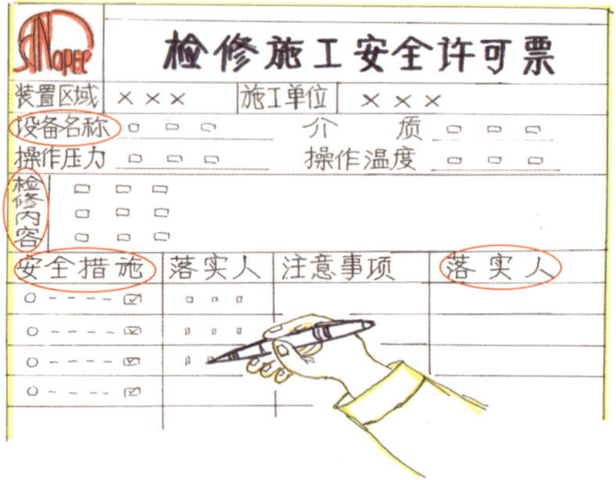

核实并落实安全措施。

(三)作业确认

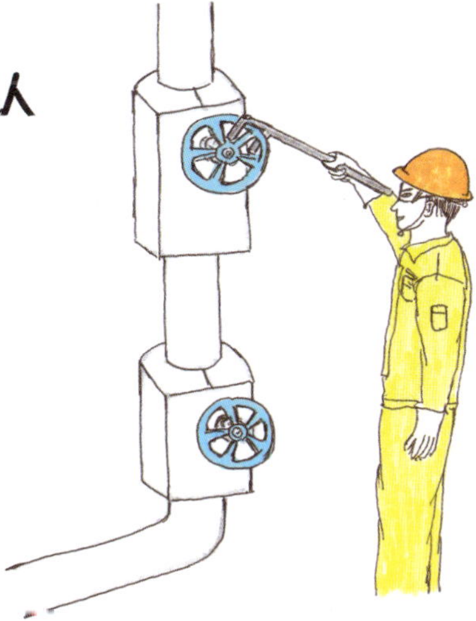

确认变更流程

按规定做好检查确认。

(四)质量管理

关注原料、馏出口质量变化。

（五）联锁操作

督促内操确认联锁投用状态，联锁切除时要按规定审批。

(六)节能降耗

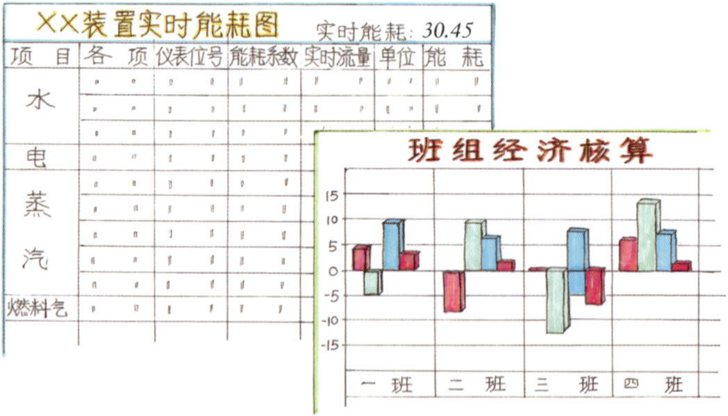

关注在线能耗数据，查找差距，合理改进。

(六)节能降耗

杜绝"跑冒滴漏"。

(一)任务安排

及时查阅交接班日志、指令、通知。

生产指挥

(一)任务安排

掌握管辖装置生产运行情况。

（一）任务安排

关注班员身体状况和思想情绪，及时调整人员分工。

(一)任务安排

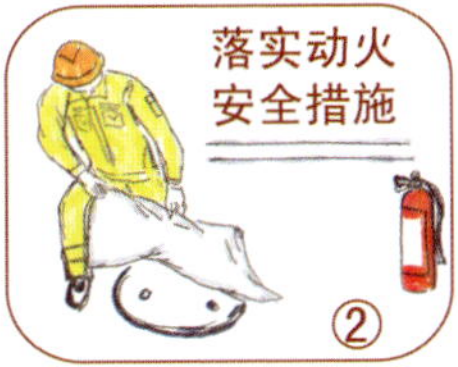

任务安排分轻重缓急，避免交叉作业。

（一）任务安排

任务	1. 将原料泵切换到泵104。
	2. ……
步骤	1. 备用泵准备……
	2. 联系内操拉高……
	3. ……
注意事项	1. 泵放空时防止H_2S中毒。
	2. ……

明确工作目的，理清思路，合理安排。

(一)任务安排

重要操作到现场指挥。

(一)任务安排

掌握重点工作任务的执行情况。

☞生产指挥

（一）任务安排

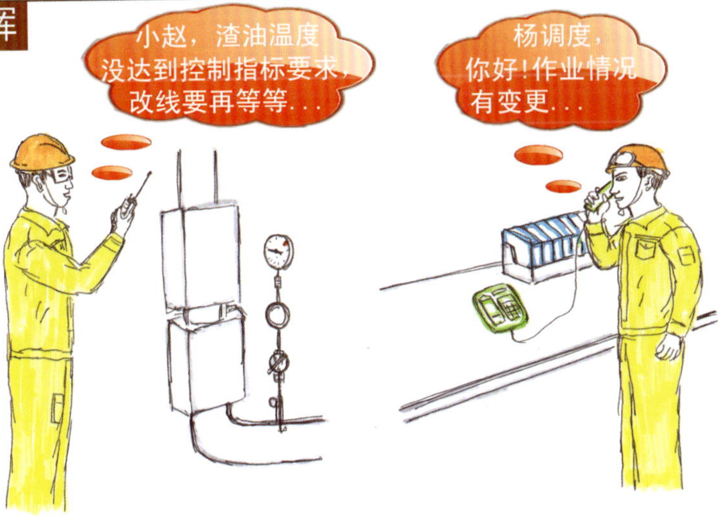

及时组织处理作业中出现的问题。

(一)任务安排

任务执行完毕，及时安排确认。

(二)问题处理

及时处理装置存在问题。

(二)问题处理

影响安全生产的问题要“事不过夜”并做好交接。

(二)问题处理

未处理完的问题要加强监控。

(三)应急处置

启动应急预案，沉着冷静，准确判断，立即汇报。

（三）应急处置

服从调度，把握全局，抓住重点，理清处理次序。

(三)应急处置

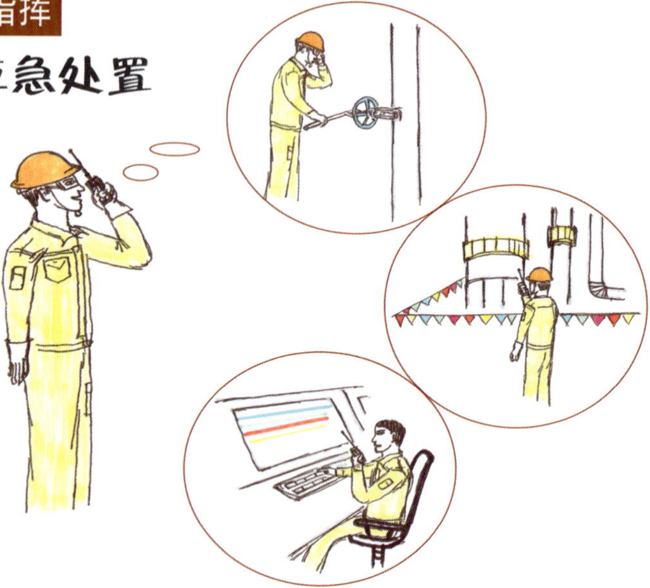

合理调配班组人员，任务落实到人。

（三）应急处置

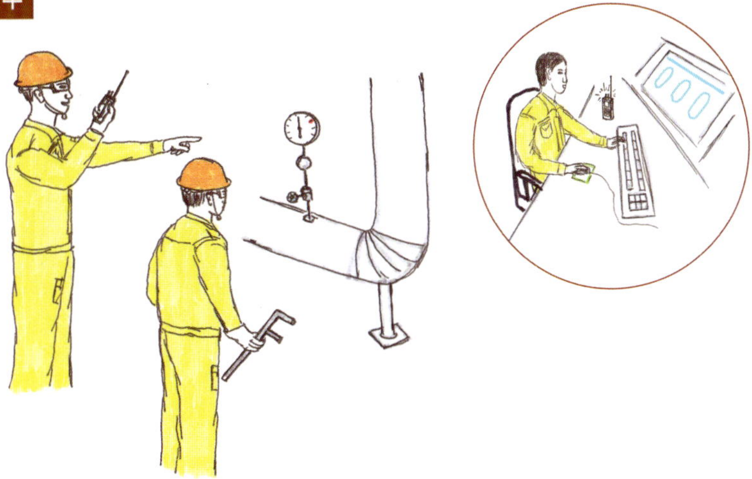

随时掌握现场动态情况。

(三)应急处置

注意人身安全

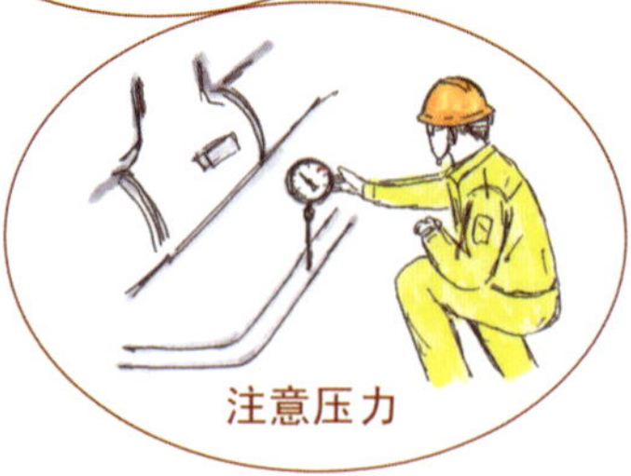

避免次生事故。

(三)应急处置

设备跳车原因不清不盲目开启。

(三)应急处置

物料停出装置要安排关闭边界阀门。

（四）开停工

带领班员讨论并熟练掌握方案及相关制度要求。

(四)开停工

××年××装置停工检修日工作安排

项目	序号	时间	工作内容	注意事项	负责人员
工作安排	1				
	2				
	3				
	4				
检修动火	1				
	2				
	3				
	4				
罐内作业	1				
	2				
	3				
	4				

掌握本班任务，落实准备工作。

(四)开停工

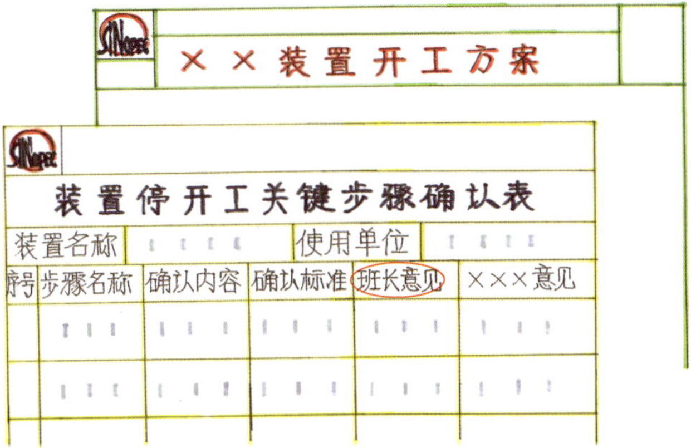

严格执行方案，确认关键步骤。

(四)开停工

边界阀操作前要汇报调度。

(四)开停工

按要求密闭吹扫，吹扫彻底，不留“死角”。

(四)开停工

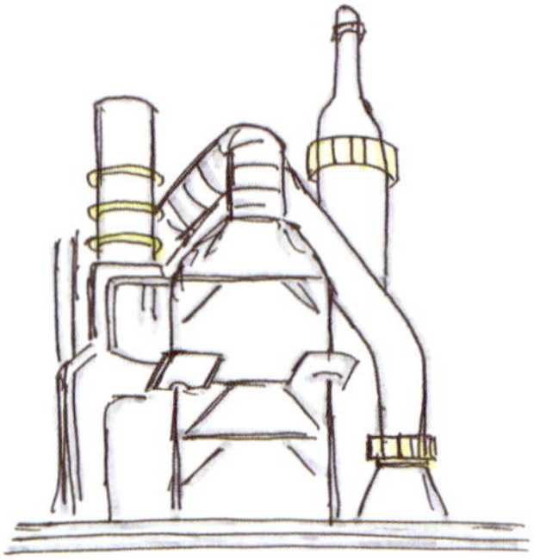

开工过程不冒进，条件未具备不进入下一步。

(四)开停工

物料边界条件不达标，不得出装置。

(四)开停工

督促班员确认、处置报警。

（四）开停工

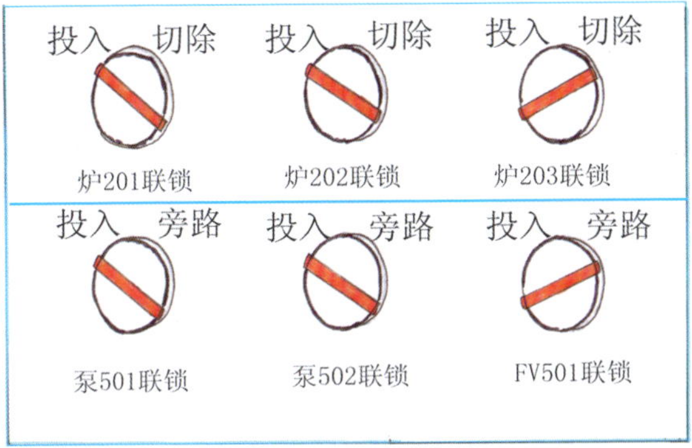

开工过程中具备条件的联锁要及时投用。

☞联系汇报

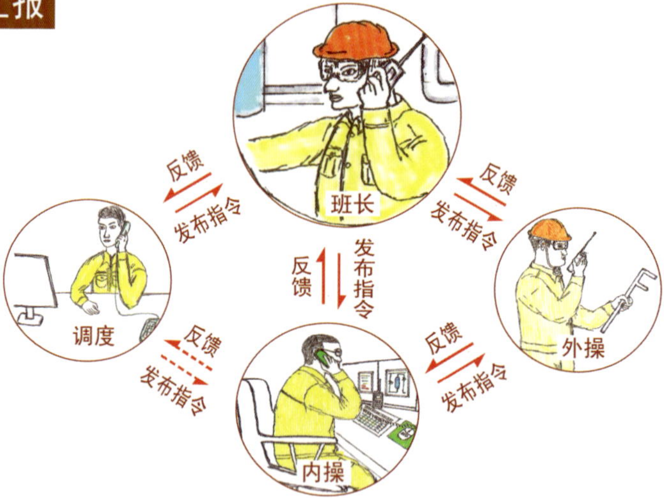

双方互报姓名，发令人下指令，受令人先复述后执行，作业结束逐级反馈。

☞联系汇报

(一)接受指令

互报单位、姓名，问清指令内容；复述指令、做好记录。

(二)执行指令

理清指令内容，分配作业任务。

(二)执行指令

执行指令要严肃，作业过程要跟踪。

(二)执行指令

作业完成后，及时收集和记录信息，并向发令人汇报执行情况。

联系汇报

（三）横向联系

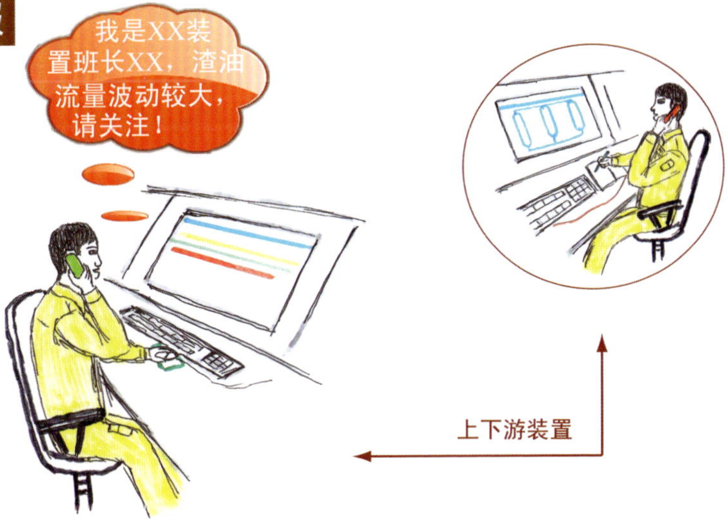

流程动改、原料和馏出口质量变化、操作波动，要及时联系。

(三)横向联系

公用工程介质、氢气、燃料产耗量及温度、压力等状态发生较大变化，要及时联系。

(三)横向联系

大功率、特高压电机的开停，要事先征得电调同意并通知电气部门准备。

（三）横向联系

原料换罐、产品改线、顶线置换，物料收付状态变化及时联系。

(三)横向联系

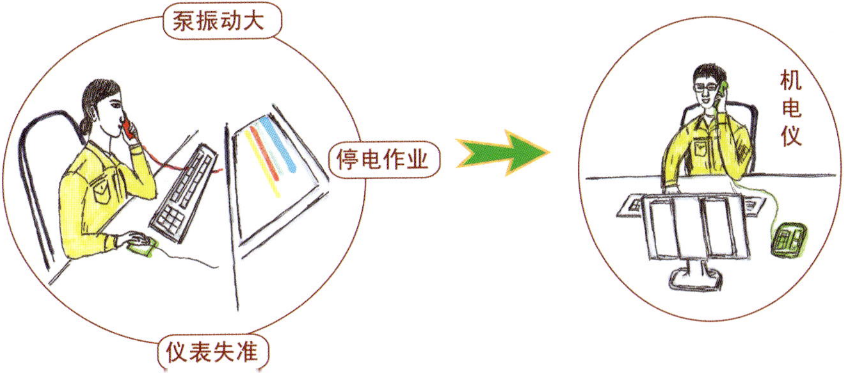

设备异常、故障、停送电，及时联系机电仪。

(四)信息汇报

执行指令后，有异常变化要立即汇报。

(一)班前预检

提前到岗、认真预检。

(二)交接班会

“十交”

交任务和指示
交操作、交指标
交质量、交设备
交安全、交工具
交环保和卫生规格化
交问题和经验
交记录

“五不接”

设备润滑不好不接
工具不全不接
操作情况交待不清不接
记录不全不接
卫生规格化不好不接

（三）接班确认

工作交接要详细，接班需签字确认。

(三)接班确认

班组交接的物品要指定人员安排清点。

(四)班后会

认真组织班后会。

策划：王爱东　孙敏杰　颜军文　金登峰　吴国平

编写：杨芳芳　李桂丽　严　峰

绘图：丁建波